⋇ IL SOUVENIR ⋇

ITALIAN
Phrasebook and Journal

Alex Chapin
Daniel Franklin

New York Chicago San Francisco Lisbon London Madrid Mexico City
Milan New Delhi San Juan Seoul Singapore Sydney Toronto

1 2 3 4 5 6 7 8 9 10 11 12 13   QFR/QFR   1 9 8 7 6 5 4 3 2 1

ISBN   978-0-07-175936-6
MHID   0-07-175936-0

Preassigned Control Number   2010943207

Interior design by Village Bookworks, Inc.

Bonus audio phrases online—with *iSpeak*™!
Perfect your pronunciation before your trip by listening to *iSpeak*™ audio
recordings of the 1,200 phrases presented in this book. Spoken by native
Italian speakers, the phrases are conveniently ordered by page number
for quick and easy access.
Go to *www.audiostudyplayer.com,* launch the Study Player, and then select:
Souvenir Phrasebooks > Italian > 02 Personal information, etc.

This book is printed on acid-free paper.

Prefazione

Preface

Il Souvenir: Italian Phrasebook and Journal is an invaluable guide and resource for your trip to Italy.

This is a **phrasebook**, with hundreds of the most common expressions you will encounter and use. These expressions are organized by topic and placed on left-hand pages facing the journal pages that they relate to. As a bonus, you can hear each expression pronounced by a native speaker in an online audio format; to access the audio, simply follow the instructions on the copyright page to the left.

This is also a **journal**, with page after page of prompts for recording your memorable experiences *in italiano*. In addition to helping you communicate in real-life situations, the expressions on the left-hand pages can be used to make entries in the journal.

To prepare for your trip, fill in the first section, *Prima della partenza* (before departure). Use the expressions in this book and a bilingual dictionary, if necessary, to research, make lists, and enter information that will be important during your trip. You may want to use the *Calendario del viaggio* (trip calendar) at the back of the book to plan your day-to-day activities. And be sure to fill in the *Convertitore di valuta* (currency converter) on the inside back cover so that you have a handy guide to prices during your trip.

Chronicle your trip in the second section, *Il viaggio,* noting details of your departure, accommodations, meals, excursions, sightseeing, entertainment, and shopping. You may also enter information about friends you've made (pages 85–91), jot down unfamiliar words and expressions that you see on signs or hear in spoken conversation (pages 92–95), and summarize each day's activities in the daily journal on pages 97–111.

When you return home, record the highlights of your trip in the final section, *Al ritorno* (upon return). You may enter your expenses in the spreadsheet on pages 116–117—and know that your money was well spent on the adventure of a lifetime, made vivid and unforgettable by the journal you've kept.

Buon viaggio!

Indice sommario

Contents

Prima della partenza

Il viaggio

Prima della partenza

~ PERSONAL INFORMATION ~

last name	il cognome
first name	il nome
maiden name	il nome da signorina
address	l'indirizzo
date	la data
date of birth	la data di nascita
place of birth	il luogo di nascita
nationality	la nazionalità
occupation	la professione
signature	la firma

Informazioni personali
Personal information

Nome completo ─────────────────
Name

Indirizzo ─────────────────
Address

Telefono di casa ─────────────────
Home phone

Cellulare ─────────────────
Cell phone

Indirizzo e-mail ─────────────────
E-mail address

Data di nascita ─────────────────
Date of birth

Luogo di nascita ─────────────────
Place of birth

Cittadinanza ─────────────────
Citizenship

Numero di passaporto ─────────────────
Passport number

⤚ AT THE DOCTOR/HOSPITAL ⤛

Where is the nearest _____?	Dov'è _____ più vicino/vicina?
hospital	l'ospedale
pharmacy	la farmacia
medical center	il centro medico
doctor	il dottore
dentist	il dentista
I need a doctor who speaks English.	Cerco un dottore che parli l'inglese.
I have insurance.	Ho l'assicurazione.
I'm sick.	Sto male.
It hurts.	Mi fa male.
I feel sick.	Ho la nausea.
I feel feverish.	Mi sento la febbre.
I'm dizzy.	Mi gira la testa.
I have pain in _____.	Mi fa male _____.
my stomach	lo stomaco
my eye	un occhio
my arm	al braccio
my leg	una gamba
my foot	al piede
I have a headache.	Ho mal di testa.
I have a toothache.	Ho mal di denti.
I have an earache.	Ho male a un orecchio.
I have a backache.	Ho male alla schiena.
I have pain in my neck.	Ho male al collo.
I have pain in my chest.	Ho un dolore al petto.
I have pain here.	Mi fa male qui.
I've lost _____.	Ho perso _____.
my glasses	gli occhiali
my contact lenses	le lenti a contatto
A filling came out.	Mi è saltata via un'otturazione.

⤚ AT THE PHARMACY ⤛

I need a prescription.	Mi serve una ricetta medica.
My prescription is _____.	La mia ricetta medica è _____.
I have insurance.	Ho l'assicurazione.
I need _____.	Ho bisogno di _____.
aspirin	un'aspirina
a pain reliever	un analgesico
an antacid	un antiacido
antiseptic	un antisettico
bandages	garze
allergy medicine	farmaco antiallergico

Informazioni d'urgenza
Emergency information

Agenzia di viaggi ────────────────
Travel agency

Contatto ────────────────
Contact

Società di assicurazione sanitaria ────────────
Health insurance company

────────────────────────

Contatto ────────────────
Contact

Parente prossimo ────────────────
Next of kin

Contatto ────────────────
Contact

Condizioni di malattia ────────────
Medical conditions

────────────────────────

Ricette mediche ────────────────
Prescriptions

────────────────────────

Allergie ────────────────
Allergies

...li San
...omenica

Roma – il Colosseo
(anfiteatro) – venerdì

Roma – la Fontana
di Trevi – lunedì

Itinerario
Itinerary

Voglio visitare...

Città
Cities

_____

_____

Musei/esposizioni
Museums/exhibits

_____

_____

_____

Edifici/monumenti celebri
Famous buildings/monuments

_____

_____

_____

Altri luoghi d'interesse
Other places of interest

_____

_____

_____

Fare le valigie
Packing

◇ Passaporto/visto
Passport/visa

◇ Documenti di assicurazione
Insurance documents

◇ Patente di guida
Driver's license

◇ Permesso internazionale di guida
International driving permit

◇ Carte di credito/contante/traveler check
Credit cards/cash/traveler's checks

◇ Cartine e guide
Maps and guidebooks

◇ Biglietti/documenti di prenotazione
Tickets/reservations

◇ Indirizzi postali della famiglia/degli amici
Addresses of family/friends

◇ Abbigliamento
Clothing

◇ Preziosi
Valuables

◇ Medicinali
Medicines

◇ Articoli da toilette
Toiletries

◇ Dispositivi elettronici (laptop, cellulare, macchina fotografica, iPod, lettore di e-book)
Electronic devices (laptop, cell phone, camera, iPod, e-reader)

~ NUMBERS ~

one	uno
two	due
three	tre
four	quattro
five	cinque
six	sei
seven	sette
eight	otto
nine	nove
ten	dieci
eleven	undici
twelve	dodici
thirteen	tredici
fourteen	quattordici
fifteen	quindici
sixteen	sedici
seventeen	diciassette
eighteen	diciotto
nineteen	diciannove
twenty	venti
twenty-one	ventuno
twenty-two	ventidue
twenty-three	ventitrè
thirty	trenta
forty	quaranta
fifty	cinquanta
sixty	sessanta
seventy	settanta
eighty	ottanta
ninety	novanta
one hundred	cento
one hundred one	centouno
one hundred two	centodue
five hundred	cinquecento
one thousand	mille

For individual budget categories, see the following sections:

To enter actual expenses, use the spreadsheet on pages 116–117.

Budget

Unità monetaria del paese _____
Local currency unit

Trasporto   _____
Transportation

Alloggio   _____
Lodging

Pasti   _____
Meals

Spuntini   _____
Snacks

Turismo   _____
Sightseeing

Divertimento   _____
Entertainment

Oggetti-ricordo   _____
Souvenirs

Mance   _____
Tips

⌐ BASIC CONVERSATION ⌐

Hello.	Salve.
Good morning.	Buon giorno.
Good afternoon.	Buona pomeriggio.
Good evening.	Buona sera.
How are you?	Come sta?
Fine, thanks.	Bene, grazie.
What is your name?	Come si chiama?
My name is _____.	Mi chiamo _____.
Pleased to meet you.	Lieto di conoscerla.
Good-bye.	Arrivederci.
See you later.	A dopo.
Yes.	Sì.
No.	No.
Pardon?	Come?
OK.	OK.
Excuse me.	Scusi.
Sorry.	Mi dispiace.
Please.	Prego.
Thank you.	Grazie.
You're welcome.	Prego.
I don't speak Italian.	Non parlo italiano.
Do you speak English?	Parla l'inglese?
Could you speak more slowly?	Potrebbe parlare più lentamente?
Could you repeat that?	Potrebbe ripetere?
I don't understand.	Non capisco.
I speak a little Italian.	Parlo poco l'italiano.
How do you say _____ in Italian?	Come si dice _____ in italiano?
What's that called in Italian?	Quello come si chiama in italiano?
Could you write it down?	Potrebbe scriverlo?

For expressions to use in introductions, see pages 84 and 86.

Presentazioni
Introductions

Mi chiamo _____.
My name is

Vengo (di) _____.
I am from (country)

Vivo (a/in) _____.
I live in (city, state)

Sono qui con _____.
I am traveling with

Sono _____.
I am a/an (profession)

Mi interessa _____
Interests · I'm interested in

_____.

Mi piace _____
Music · I like to listen to

_____.

Vorrei visitare _____
Plans · I would like to see

_____

_____.

13

MERANO BRUNICO

BORMIO BOLZANO COLTINA TARVISIO

SONDRIO BELLUNO

VERBANIA LECCO TRENTO PORDENONE UDINE

VARESE GORIZIA

AOSTA BERGAMO BRESCIA TREVISO TRIESTE

NOVARA MONZA

VERCELLI MILANO VICENZA PADOVA

PAVIA LODI VERONA VENEZIA

CREMONA MANTOVA

TORINO PIACENZA ROVIGO

ASTI ALESSANDRIA

PARMA FERRARA

CUNEO REGGIO MODENA

GENOVA BOLOGNA

SAVONA RAVENNA

LA SPEZIA FORLI

IMPERIA CARRARA RIMINI

SAN REMO LUCCA PRATO PESARO

PISA FIRENZE URBINO

LIVORNO AREZZO ANCONA

SIENA MACERATA

PERUGIA FERMO

PIOMBINO ASCOLI

GROSSETO TERAMO

TERNI PESCARA

ORBETELLO VITERBO RIETI L'AQUILA CHIETI

CIVITAVECCHIA VASTO

ROMA TERMO

FROSINONE ISERNIA CAMP

LATINA

GAETA CASERTA BENE

OLBIA

TEMPIO PAUSANIA NAPO

SASSARI GIUGLIA

SAL

NUORO

ORISTANO

LANUSEI

SANLURI

IGLESIAS

CAGLIARI

PALERMO M
T

CATAN
AGRIGENTO

SIRA
RAGUS

Il viaggio

~ AT THE AIRPORT ~

airport	l'aeroporto
ticket	il biglietto
schedule	l'orario
flight	il volo
plane	l'aereo
seat	il posto
luggage	il bagaglio
passport	il passaporto
Where is/are _____?	Dov'è _____?/Dove sono _____?
check-in	il check-in
the security check	il controllo sicurezza
the gate	il gate
the baggage claim	il ritiro bagagli
the duty-free shops	i negozi duty-free
the restroom	la toilette
arrivals	gli arrivi
departures	le partenze

~ GOING THROUGH CUSTOMS ~

customs	la dogana
border	il confine
baggage check	il controllo bagagli
Ticket, please.	Il biglietto, per favore.
Passport, please.	Il passaporto, per favore.
Identity card, please.	La carta d'identità, per favore.
What's the purpose of your visit?	Lo scopo della sua visita?
I'm here _____.	Sono qui _____.
on business	per lavoro
on vacation	in vacanza
in transit	di passaggio
How long are you staying?	Per quanto tempo si ferma?
I'm here for _____.	Mi fermo per _____.
two days	due giorni
three weeks	tre settimane
one month	un mese
I'm traveling _____.	Sono _____.
on my own	da solo
with my family	con la famiglia
with a group	con un gruppo organizzato
Do you have anything to declare?	Niente da dichiarare?
I have some items to declare.	Ho degli articoli da dichiarare.
I have nothing to declare.	Non ho niente da dichiarare.
It's _____.	È _____.
a gift	un regalo
for personal use	per uso personale

Il volo
The flight

Volo da _____ a _____.
I am flying from … to …

Compagnia aerea _____
Airline

Numero del volo _____
Flight number

Data _____
Date

Arrivo e dogana
Arrival and customs

Aeroporto _____
Airport

Mi fermo per _____.
I am staying here for (duration)

Sono qui per/in/di _____.
I am here for (purpose of visit)

17

Trasporto
Transportation

Viaggio da _____ a _____.
I am traveling from ... to ...

Viaggio in _____.
I am going by (mode of transportation)

Prezzo del biglietto _____
Cost of ticket

Esperienze _____
Experiences

_____

_____

Insegne sconosciute
Unfamiliar signs

Valutazione del viaggio
Rating the trip

◇	◇	◇	◇	◇
Confuso	Noioso	Rapido	Lento	Panoramico
Confusing	Boring	Quick	Slow	Scenic

~ ASKING DIRECTIONS ~

Excuse me.	Mi scusi.
Could you help me?	Potrebbe aiutarmi?
Where is _____?	Dov'è _____?
I'm looking for _____.	Sto cercando _____.
left	sinistra
right	destra
there	là
here	qui
straight ahead	sempre diritto
first left	la prima a sinistra
second right	la seconda a destra
at the intersection	all'incrocio
at the traffic light	al semaforo
at the traffic circle	alla rotonda
It's near.	È vicino.
It's far.	È lontano.
one kilometer	un chilometro
two kilometers	due chilometri
Take _____.	Prenda _____.
the bus	l'autobus
the train	il treno
the subway	la metropolitana
the taxi	il taxi

Trasporto
Transportation

Viaggio da _____ a _____.
I am traveling from … to …

Viaggio in _____.
I am going by (mode of transportation)

Prezzo del biglietto _____
Cost of ticket

Esperienze _____
Experiences

_____

_____

Insegne sconosciute
Unfamiliar signs

Valutazione del viaggio
Rating the trip

◇	◇	◇	◇	◇
Confuso	Noioso	Rapido	Lento	Panoramico
Confusing	Boring	Quick	Slow	Scenic

⤳ TICKETS ⤝

Where can I buy a ticket?	Dove posso acquistare un biglietto?
I want to go to Tuscany.	Voglio andare in Toscana.
I would like _____.	Vorrei _____.
a one-way ticket	un biglietto di sola andata
a round-trip ticket	un biglietto di andata e ritorno
a day ticket	un biglietto giornaliero
a weekly ticket	un abbonamento settimanale
a monthly ticket	un abbonamento mensile
a standby ticket	un biglietto di stand-by
an e-ticket	un biglietto elettronico
How much is it?	Quant'è?
How long is it valid for?	Per quanto è valido?
Can it be refunded?	È rimborsabile?
Can it be transferred?	È trasferibile?

Trasporto
Transportation

Viaggio da _____ a _____.
I am traveling from … to …

Viaggio in _____.
I am going by (mode of transportation)

Prezzo del biglietto _____
Cost of ticket

Esperienze _____
Experiences

_____

_____

Insegne sconosciute
Unfamiliar signs

Valutazione del viaggio
Rating the trip

◇	◇	◇	◇	◇
Confuso	Noioso	Rapido	Lento	Panoramico
Confusing	Boring	Quick	Slow	Scenic

23

⤙ TRAIN/SUBWAY ⤚

Where is the train station?	Dov'è la stazione dei treni?
Where is the metro (subway) station?	Dov'è la stazione della metropolitana?
Where does _____ leave from?	Da dove parte _____?
the train for Florence	il treno per Firenze
What time does _____?	A che ora _____?
the train leave for Rome	parte il treno per Roma
the train arrive from Naples	arriva il treno da Napoli
What station is this?	Che stazione è questa?
What's the next station?	Che stazione è la prossima?
This is your stop.	Questa è la sua fermata.
Is this the train for Milan?	È questo il treno per Milano?
Where is _____?	Dov'è _____?
the entrance	l'entrata
the exit	l'uscita
the information desk	il banco informazioni
the ticket counter	la biglietteria
the platform	il binario

⤙ BUS ⤚

Where is _____?	Dov'è _____?
the bus station	la stazione degli autobus
the bus stop	la fermata dell'autobus
From where do you take the next bus to Turin?	Da dove si prende il prossimo autobus per Torino?
Is this _____?	È questo _____?
the bus to Venice	l'autobus per Venezia
the center of town	il centro della città
Can I reserve a seat?	Posso prenotare un posto?
How much is it?	Quant'è?

Trasporto
Transportation

Viaggio da _____ a _____ .
I am traveling from … to …

Viaggio in _____ .
I am going by (mode of transportation)

Prezzo del biglietto _____
Cost of ticket

Esperienze _____
Experiences

_____

_____

Insegne sconosciute
Unfamiliar signs

Valutazione del viaggio
Rating the trip

◇	◇	◇	◇	◇
Confuso	Noioso	Rapido	Lento	Panoramico
Confusing	Boring	Quick	Slow	Scenic

25

~ DRIVING BASICS ~

car	l'auto
gasoline	la benzina
gas station	il distributore di benzina
oil	l'olio
car with automatic transmission	l'auto col cambio automatico
car with manual transmission	l'auto col cambio manuale
road	la strada
map	la carta stradale
intersection	l'incrocio
traffic light	il semaforo

~ CAR RENTAL ~

Where can I rent a car?	Dove posso noleggiare un'auto?
I need a car _____.	Mi serve un'auto _____.
for one day	per un giorno
for five days	per cinque giorni
for a week	per una settimana
with two doors	con due porte
with four doors	con quattro porte
with air-conditioning	con l'aria condizionata
with four-wheel drive	a trazione integrale
with automatic transmission	col cambio automatico
Can you write down _____?	Può scrivere _____?
the daily charge	il costo giornaliero
the charge per kilometer	il costo al chilometro
the cost of insurance	il costo dell'assicurazione
the deposit to pay	l'anticipo da versare

~ CAR MAINTENANCE ~

Where is _____?	Dov'è _____?
a gas station	un distributore di benzina
parking	il parcheggio
the nearest garage	l'officina più vicina
Fill it up, please.	Il pieno, per favore.
Eight liters of _____.	Otto litri di _____.
Ten euros of _____.	Dieci euro di _____.
regular	verde normale
premium	verde super
diesel	gasolio
Will you check _____?	Potrebbe controllare _____?
the battery	la batteria
the oil	l'olio
the water (radiator)	l'acqua

Autonoleggio
Car rental

Agenzia di noleggio _____
Rental agency

Indirizzo _____
Address

Marchio di auto _____
Make of car

Numero di targa _____
License plate number

Numero di polizza d'assicurazione _____
Insurance policy number

Luogo di ritiro _____
Pick-up location

Data/ora di ritiro _____
Pick-up date/time

Luogo di consegna _____
Drop-off location

Data/ora di consegna _____
Drop-off date/time

Numero di giorni _____
Rental duration

Chilometraggio di ritiro _____
Beginning odometer reading

Chilometraggio di consegna _____
Ending odometer reading

Telefono in caso di guasto _____
Telephone number to call in case of breakdown

～ CAR PROBLEMS ～

I am out of gas.	Ho finito la benzina.
My car won't start.	L'auto non parte.
The battery is dead.	La batteria è scarica.
I have a flat.	Ho una gomma a terra.
I have had an accident.	Ho avuto un incidente.
I lost my keys.	Ho perso le chiavi.
My car is three kilometers away.	La mia auto è a tre chilometri da qui.
Can you help me?	Può aiutarmi?
Do you repair cars?	Riparate le auto?
Can you _____?	Può _____?
repair it	aggiustarla
come and look	venire a vedere
give me an estimate	farmi un preventivo
write it down	scriverlo
How long will it take?	Quanto ci vorrà?
When will it be ready?	Quando sarà pronta?

～ EMERGENCIES ～

Help!	Aiuto!
It's an emergency!	È un'emergenza!
Call _____!	Chiamate _____!
the police	la polizia
an ambulance	un'ambulanza
a doctor	un dottore
I've been hurt.	Sono stato ferito.
Where is _____?	Dov'è _____?
the hospital	l'ospedale
the police station	la caserma dei Carabinieri

Incidente/guasto

Accident/breakdown

Luogo ————————————————————
Location

Data e ora ————————————————————
Date and time

Esperienza ————————————————————
Experience

————————————————————

————————————————————

————————————————————

————————————————————

~ BASIC ACCOMMODATIONS ~

room	la stanza
reservation	la prenotazione
to reserve	prenotare
hotel	l'hotel
vacancies	i posti liberi
youth hostel	l'ostello della gioventù
single room	la singola
double room	la doppia
bathroom	il bagno
bathtub	la vasca
shower	la doccia
bed-and-breakfast	il bed and breakfast
key	la chiave
night	la notte
week	la settimana
breakfast	la colazione

~ FINDING ACCOMMODATIONS ~

Where can I find _____?	Dove posso trovare _____?
a hotel	un hotel
a youth hostel	un ostello della gioventù
a bed-and-breakfast	un bed and breakfast
a campground	un campeggio
Can you recommend something _____?	Mi può consigliare qualcosa _____?
inexpensive	economico
nice	carino
nearby	nelle vicinanze
near the town center	vicino al centro della città
What is the address?	Qual è l'indirizzo?
How do I get there?	Come ci si arriva?

Alloggio
Accommodations

Nome dell'albergo _____
Name of hotel

Indirizzo _____
Address

Numero della prenotazione _____
Reservation number

Per _____ notte/notti
Duration of stay (in nights)

Costo a notte _____
Cost per night

Data arrivo _____
Check-in date

Data partenza _____
Check-out date

Tipo di alloggio _____
Type of accommodations

Caratteristiche positive _____
Positive features

Caratteristiche negative _____
Negative features

Valutazione dell'albergo
Rating the hotel

◇	◇	◇	◇	◇
Sozzo	Sporco	Così così	Pulito	Immacolato
Disgusting	Dirty	OK	Clean	Spotless

◇	◇	◇	◇	◇
Molto rumoroso	Rumoroso	Così così	Silenzioso	Tranquillo
Very noisy	Noisy	OK	Quiet	Peaceful

I have a reservation.	Ho una prenotazione.
I have made an online reservation.	Ho fatto la prenotazione online.
confirmation number	il numero di conferma
My name is _____.	Mi chiamo _____.
Do you have any vacancies?	Avete posti liberi?
I would like to reserve a room.	Vorrei prenotare una stanza.
Sorry, we're full.	Mi dispiace, siamo pieni.
It's for _____.	È per _____.
one person	una persona
two people	due persone
one night	una notte
two nights	due notti
one week	una settimana
two weeks	due settimane
I would like _____.	Vorrei _____.
a room	una stanza
two rooms	due stanze
a single room	una singola
a double room	una doppia
I would like a room _____.	Vorrei una stanza _____.
with a single bed	con un letto singolo
with a double bed	con un letto matrimoniale
with a bath	col bagno
with a shower	con la doccia
with a cot	con un lettino
with a balcony	col balcone
with a TV	con la TV
with an Internet connection	con la connessione Internet
with a telephone	col telefono
with air-conditioning	con l'aria condizionata
I would like _____.	Vorrei _____.
full board	la pensione completa
bed-and-breakfast	bed and breakfast

Alloggio
Accommodations

Nome dell'albergo _____
Name of hotel

Indirizzo _____
Address

Numero della prenotazione _____
Reservation number

Per _____ notte/notti
Duration of stay (in nights)

Costo a notte _____
Cost per night

Data arrivo _____
Check-in date

Data partenza _____
Check-out date

Tipo di alloggio _____
Type of accommodations

Caratteristiche positive _____
Positive features

Caratteristiche negative _____
Negative features

Valutazione dell'albergo
Rating the hotel

◇	◇	◇	◇	◇
Sozzo	Sporco	Così così	Pulito	Immacolato
Disgusting	Dirty	OK	Clean	Spotless

◇	◇	◇	◇	◇
Molto rumoroso	Rumoroso	Così così	Silenzioso	Tranquillo
Very noisy	Noisy	OK	Quiet	Peaceful

∾ CHECKING IN ∾

I have a reservation.	Ho una prenotazione.
My name is _____.	Mi chiamo _____.
How much is it _____?	Quanto costa _____?
per night	per notte
per week	per settimana
per person	a persona
for full board	la pensione completa
Does the price include _____?	Il prezzo comprende _____?
breakfast	la colazione
service and tax	il servizio e le tasse
Could you write it down?	Potrebbe scriverlo?
May I see the room?	Posso vedere la stanza?
Do you have anything _____?	Non avete niente _____?
bigger	più grande
cheaper	più economico
quieter	più silenzioso
warmer	più caldo
in the front	sul davanti
in the back	nel retro
OK, I'll take it.	Bene, la prendo.
I won't take it.	Non la prendo.

Accommodations

Nome dell'albergo _____
Name of hotel

Indirizzo _____
Address

Numero della prenotazione _____
Reservation number

Per _____ notte/notti
Duration of stay (in nights)

Costo a notte _____
Cost per night

Data arrivo _____
Check-in date

Data partenza _____
Check-out date

Tipo di alloggio _____
Type of accommodations

Caratteristiche positive _____
Positive features

Caratteristiche negative _____
Negative features

Valutazione dell'albergo
Rating the hotel

◇	◇	◇	◇	◇
Sozzo	Sporco	Così così	Pulito	Immacolato
Disgusting	Dirty	OK	Clean	Spotless

◇	◇	◇	◇	◇
Molto rumoroso	Rumoroso	Così così	Silenzioso	Tranquillo
Very noisy	Noisy	OK	Quiet	Peaceful

~ AMENITIES AND SERVICE ~

Please, may I have _____?	Per favore, potrei avere _____?
another blanket	un'altra coperta
another pillow	un altro cuscino
some soap	del sapone
a towel	un asciugamano
Where is _____?	Dov'è _____?
the dining room	la sala da pranzo
the bar	il bar
the bathroom	il bagno
Please can you _____?	Per favore, potrebbe _____?
do this laundry	lavare questa roba
call me at seven o'clock	chiamarmi alle sette
help me with my luggage	aiutarmi con i bagagli
Can I use _____?	Posso usare _____?
the kitchen	la cucina
the laundry	la lavanderia
the telephone	il telefono
Who is it?	Chi è?
Just a moment!	Un attimo!
Come in!	Venga!
Come back later!	Ripassi più tardi!

~ PROBLEMS ~

_____ doesn't work.	_____ non funziona.
The air-conditioning	L'aria condizionata
The fan	Il ventilatore
The toilet	Il gabinetto
The heat	Il riscaldamento
The lamp	La lampada
The lock	La serratura
The key	La chiave
The window is jammed.	La finestra è bloccata.
I've lost my key.	Ho perso la chiave.
The bed is not made up.	Il letto non è stato fatto.
The room is _____.	La stanza è _____.
dirty	sporca
smelly	maleodorante
noisy	rumorosa
cold	fredda
too hot	troppo calda
The bill is not correct.	Il conto è sbagliato.

Alloggio
Accommodations

Nome dell'albergo
Name of hotel

Indirizzo
Address

Numero della prenotazione
Reservation number

Per _____ notte/notti
Duration of stay (in nights)

Costo a notte
Cost per night

Data arrivo
Check-in date

Data partenza
Check-out date

Tipo di alloggio
Type of accommodations

Caratteristiche positive
Positive features

Caratteristiche negative
Negative features

Valutazione dell'albergo
Rating the hotel

◇	◇	◇	◇	◇
Sozzo	Sporco	Così così	Pulito	Immacolato
Disgusting	Dirty	OK	Clean	Spotless

◇	◇	◇	◇	◇
Molto rumoroso	Rumoroso	Così così	Silenzioso	Tranquillo
Very noisy	Noisy	OK	Quiet	Peaceful

✦ EATING OUT ✦

food	il cibo
beverages	le bevande
breakfast	la colazione
lunch	il pranzo
dinner	la cena
snack	uno spuntino
appetizer	l'antipasto
dish	un piatto
side dish	il contorno
dessert	il dessert
café	il caffè
bar	il bar
restaurant	il ristorante
waiter	il cameriere
waitress	la cameriera
I would like _____.	Vorrei _____.
menu	il menù
meat	la carne
fish	il pesce
vegetable	la verdura
fruit	la frutta
wine	il vino
beer	la birra

✦ RESERVATIONS ✦

Can you recommend _____?	Può raccomandarmi _____?
a restaurant	un ristorante
a café	una tavola calda
a bar	un bar
a traditional restaurant	un ristorante tradizionale
a vegetarian restaurant	un ristorante vegetariano
an inexpensive restaurant	un ristorante economico
a nearby restaurant	un ristorante nelle vicinanze
I would like to reserve a table _____.	Vorrei prenotare un tavolo _____.
for two	per due
at eight o'clock	per le otto
for this evening	per questa sera
for tomorrow evening	per domani sera
We have no tables.	Non abbiamo tavoli.
Sorry, we're closed.	Mi dispiace, siamo chiusi.
One moment.	Un momento.
I have reserved a table.	Ho riservato un tavolo.
For what time?	Per che ora?
What's the name?	A che nome?
The name is _____.	Il nome è _____.
Smoking or nonsmoking?	Fumatori o non fumatori?

Mangiare fuori
Eating out

Nome del ristorante _____
Name of restaurant

Indirizzo _____
Address

Data e ora _____
Date and time

Tipo di ristorante e ambiente _____
Restaurant type and atmosphere

Pasto _____
Meal

Piatto preferito _____
Favorite dish

Bevanda preferita _____
Favorite drink

Prezzo _____
Cost

Voci di menù sconosciute _____
Unfamiliar menu items

_____

Valutazione del cibo
Rating the food

◇	◇	◇	◇	◇
Immangiabile	Insipido	Nella media	Succulento	Delizioso
Inedible	Bland	Average	Flavorful	Delicious

Valutazione del servizio
Rating the service

◇	◇	◇	◇	◇
Pessimo	Scarso	Sufficiente	Buono	Eccellente
Awful	Disappointing	OK	Good	Excellent

Gamma di prezzi
Price range

◇	◇	◇	◇
Poco costoso	Modico	Costoso	Molto costoso
Inexpensive	Moderate	Expensive	Very expensive

~⟨ ORDERING ⟩~

Waiter!	Cameriere!
Waitress!	Cameriera!
I would like _____.	Vorrei _____.
We would like _____.	Vorremmo _____.
the menu	il menù
the tourist menu	il menù turistico
the fixed-price menu	il menù a prezzo fisso
the wine list	la lista dei vini
the drinks list	la lista delle bevande
a menu in English	un menù in inglese
Are you ready to order?	Siete pronti per ordinare?
Can you recommend _____?	Può consigliarmi _____?
an appetizer	un antipasto
a dish	un piatto
a local dish	un piatto locale
a wine	un vino
a dessert	un dessert
I'll have that.	Prendo quello.
I'm a vegetarian.	Sono vegetariano.
I'm allergic _____.	Sono allergico _____.
to MSG	al gluttammato di sodio
to shellfish	ai molluschi
to seafood	ai frutti di mare
to nuts	a noci e nocciole
to dairy products	ai prodotti caseari
I would like _____ on the side.	Vorrei _____ da parte.
dressing	del condimento
cheese	del formaggio
butter	del burro
What would you like to drink?	Cosa desiderate da bere?
I would like _____.	Vorrei _____.
a glass of wine	un bicchiere di vino
a beer	una birra
coffee	un caffè
tea	un tè
fruit juice	un succo di frutta
mineral water	dell'acqua minerale

Mangiare fuori
Eating out

Nome del ristorante _____
Name of restaurant

Indirizzo _____
Address

Data e ora _____
Date and time

Tipo di ristorante e ambiente _____
Restaurant type and atmosphere

Pasto _____
Meal

Piatto preferito _____
Favorite dish

Bevanda preferita _____
Favorite drink

Prezzo _____
Cost

Voci di menù sconosciute _____
Unfamiliar menu items

_____

Valutazione del cibo
Rating the food

◇	◇	◇	◇	◇
Immangiabile	Insipido	Nella media	Succulento	Delizioso
Inedible	Bland	Average	Flavorful	Delicious

Valutazione del servizio
Rating the service

◇	◇	◇	◇	◇
Pessimo	Scarso	Sufficiente	Buono	Eccellente
Awful	Disappointing	OK	Good	Excellent

Gamma di prezzi
Price range

◇	◇	◇	◇
Poco costoso	Modico	Costoso	Molto costoso
Inexpensive	Moderate	Expensive	Very expensive

⌐ SERVICE ⌐

Waiter!	Cameriere!
Waitress!	Cameriera!
I would like _____, please.	Vorrei _____, per favore.
some more bread	dell'altro pane
some more wine	dell'altro vino
some water	dell'acqua
some oil	dell'olio
some pepper	del pepe
some salt	del sale
That's for me.	È per me.
What's that?	Cos'è quello?
I have no _____.	Non ho _____.
knife	il coltello
fork	la forchetta
spoon	il cucchiaio
How much longer do we have to wait?	Quanto c'è da aspettare ancora?
I love this dish.	Mi piace questo piatto.
That was very tasty!	Era veramente buono!
This meat is _____.	Questa carne è _____.
overdone	troppo cotta
underdone	troppo cruda
This food is cold.	Il cibo è freddo.
That's not what I ordered.	Questo non è quello che ho ordinato.
I wanted _____.	Volevo _____.
Where are the restrooms?	Dove sono le toilette?
The bill, please.	Il conto, per favore.
How much is it?	Quant'è?
Is service included?	Il servizio è compreso?
It's all together.	Un conto unico.
We'd like to pay separately.	Vorremmo conti separati.
I think there's a mistake.	Credo che ci sia un errore.
Do you take _____?	Accettate _____?
credit cards	la carta di credito
traveler's checks	i traveler check
American money	i dollari
Can I have a receipt?	Potrei avere la ricevuta?

Mangiare fuori
Eating out

Nome del ristorante _____
Name of restaurant

Indirizzo _____
Address

Data e ora _____
Date and time

Tipo di ristorante e ambiente _____
Restaurant type and atmosphere

Pasto _____
Meal

Piatto preferito _____
Favorite dish

Bevanda preferita _____
Favorite drink

Prezzo _____
Cost

Voci di menù sconosciute _____
Unfamiliar menu items

_____

Valutazione del cibo
Rating the food

◇	◇	◇	◇	◇
Immangiabile	Insipido	Nella media	Succulento	Delizioso
Inedible	Bland	Average	Flavorful	Delicious

Valutazione del servizio
Rating the service

◇	◇	◇	◇	◇
Pessimo	Scarso	Sufficiente	Buono	Eccellente
Awful	Disappointing	OK	Good	Excellent

Gamma di prezzi
Price range

◇	◇	◇	◇
Poco costoso	Modico	Costoso	Molto costoso
Inexpensive	Moderate	Expensive	Very expensive

~ BEVERAGES ~

milk	il latte
fruit juice	il succo di frutta
coffee	il caffè
tea	il tè
red wine	il vino rosso
white wine	il vino bianco
sparkling wine	il vino frizzante
a bottle of wine	una bottiglia di vino
a glass of wine	un bicchiere di vino
a carafe of wine	una caraffa di vino
beer	la birra
light beer	la birra chiara
dark beer	la birra scura
Italian beer	la birra italiana
water	l'acqua
mineral water	l'acqua minerale
vodka	la vodka
rum	il rum
sherry	lo sherry
whisky	il whisky
gin	il gin

~ MEAT, POULTRY, AND FISH ~

meat	la carne
beef	la carne di manzo
lamb	l'agnello
veal	il vitello
steak	la bistecca
ham	il prosciutto
bacon	la pancetta
sausage	la salsiccia
rabbit	il coniglio
poultry	il pollame
chicken	il pollo
free-range chicken	il pollo ruspante
turkey	il tacchino
duck	l'anatra
seafood	i frutti di mare
salmon	il salmone
shrimp	i gamberetti
tuna	il tonno
swordfish	il pesce spada
lobster	l'aragosta
sea bass	il branzino
trout	la trota

Mangiare fuori
Eating out

Nome del ristorante
Name of restaurant

Indirizzo
Address

Data e ora
Date and time

Tipo di ristorante e ambiente
Restaurant type and atmosphere

Pasto
Meal

Piatto preferito
Favorite dish

Bevanda preferita
Favorite drink

Prezzo
Cost

Voci di menù sconosciute
Unfamiliar menu items

Valutazione del cibo
Rating the food

◇	◇	◇	◇	◇
Immangiabile	Insipido	Nella media	Succulento	Delizioso
Inedible	Bland	Average	Flavorful	Delicious

Valutazione del servizio
Rating the service

◇	◇	◇	◇	◇
Pessimo	Scarso	Sufficiente	Buono	Eccellente
Awful	Disappointing	OK	Good	Excellent

Gamma di prezzi
Price range

◇	◇	◇	◇
Poco costoso	Modico	Costoso	Molto costoso
Inexpensive	Moderate	Expensive	Very expensive

⌁ VEGETABLES AND GRAINS ⌁

vegetables	le verdure
organic	biologico
potatoes	le patate
eggplant	le melanzana
mushrooms	i funghi
onions	le cipolle
carrots	le carote
tomatoes	i pomodori
peppers	i peperoni
cabbage	il cavolo
peas	i piselli
green beans	i fagiolini
broccoli	i broccoli
squash	la zucca
cucumber	il cetriolo
salad	l'insalata
lettuce	la lattuga
rice	il riso
garlic	l'aglio

⌁ FRUIT AND DAIRY ⌁

fruit	la frutta
apples	le mele
oranges	le arance
grapefruit	il pompelmo
bananas	le banane
grapes	l'uva
strawberries	le fragole
cherries	le ciliegie
peaches	le pesche
plums	le prugne
melon	il melone
dairy products	i prodotti caseari
milk	il latte
cheese	il formaggio
ice cream	il gelato

⌁ PREPARATION METHODS ⌁

fresh	fresco	roasted	arrosto
cooked	cotto	smoked	affumicato
rare	al sangue	sautéed	saltato in padella
medium rare	non tanto cotta	baked	al forno
medium	cottura normale	boiled	bollito
medium well	abbastanza cotta	fried	fritto
well-done	ben cotta	steamed	al vapore
grilled	alla griglia	breaded	impanato

Mangiare fuori
Eating out

Nome del ristorante
Name of restaurant

Indirizzo
Address

Data e ora
Date and time

Tipo di ristorante e ambiente
Restaurant type and atmosphere

Pasto
Meal

Piatto preferito
Favorite dish

Bevanda preferita
Favorite drink

Prezzo
Cost

Voci di menù sconosciute
Unfamiliar menu items

Valutazione del cibo
Rating the food

◇	◇	◇	◇	◇
Immangiabile	Insipido	Nella media	Succulento	Delizioso
Inedible	Bland	Average	Flavorful	Delicious

Valutazione del servizio
Rating the service

◇	◇	◇	◇	◇
Pessimo	Scarso	Sufficiente	Buono	Eccellente
Awful	Disappointing	OK	Good	Excellent

Gamma di prezzi
Price range

◇	◇	◇	◇
Poco costoso	Modico	Costoso	Molto costoso
Inexpensive	Moderate	Expensive	Very expensive

Altre esperienze culinarie
Other culinary experiences

🍵 Il mangiare
Food

Nome del ristorante _____
Name of restaurant

Indirizzo _____
Address

Data _____
Date

Piatti principali _____
Main dishes

_____ Valutazione ↑ ↓
                          Rating

🍵 Il bere
Drink

Nome del ristorante/bar _____
Name of restaurant/bar

Indirizzo _____
Address

Data _____
Date

Bevande _____
Beverages

_____ Valutazione ↑ ↓
                          Rating

Il mangiare
Food

Nome del ristorante _____
Name of restaurant

Indirizzo _____
Address

Data _____
Date

Piatti principali _____
Main dishes

_____ **Valutazione** ↑ ↓
Rating

Il bere
Drink

Nome del ristorante/bar _____
Name of restaurant/bar

Indirizzo _____
Address

Data _____
Date

Bevande _____
Beverages

_____ **Valutazione** ↑ ↓
Rating

Altre esperienze culinarie

Other culinary experiences

Il mangiare
Food

Nome del ristorante _____
Name of restaurant

Indirizzo _____
Address

Data _____
Date

Piatti principali _____
Main dishes

_____ **Valutazione** ↑ ↓
Rating

Il bere
Drink

Nome del ristorante/bar _____
Name of restaurant/bar

Indirizzo _____
Address

Data _____
Date

Bevande _____
Beverages

_____ **Valutazione** ↑ ↓
Rating

Il mangiare
Food

Nome del ristorante _____
Name of restaurant

Indirizzo _____
Address

Data _____
Date

Piatti principali _____
Main dishes

_____ Valutazione ↑ ↓
Rating

Il bere
Drink

Nome del ristorante/bar _____
Name of restaurant/bar

Indirizzo _____
Address

Data _____
Date

Bevande _____
Beverages

_____ Valutazione ↑ ↓
Rating

Altre esperienze culinarie

Other culinary experiences

Il mangiare

Food

Nome del ristorante _____

Name of restaurant

Indirizzo _____

Address

Data _____

Date

Piatti principali _____

Main dishes

_____ **Valutazione** ↑ ↓

Rating

Il bere

Drink

Nome del ristorante/bar _____

Name of restaurant/bar

Indirizzo _____

Address

Data _____

Date

Bevande _____

Beverages

_____ **Valutazione** ↑ ↓

Rating

Il mangiare
Food

Nome del ristorante _____
Name of restaurant

Indirizzo _____
Address

Data _____
Date

Piatti principali _____
Main dishes

_____ Valutazione ↑ ↓
Rating

Il bere
Drink

Nome del ristorante/bar _____
Name of restaurant/bar

Indirizzo _____
Address

Data _____
Date

Bevande _____
Beverages

_____ Valutazione ↑ ↓
Rating

La Toscana — sabato

Venezia — il Canal Grande al tramonto — mercoledì

Il Duomo di Milano —

Turismo
Sightseeing

Nome dell'attrazione
Name of attraction

Luogo
Location

Data
Date

Sito web
Website

Dépliant
Brochure

Ricordo
Souvenir

Commenti
Comments

Valutazione dell'attrazione
Rating the attraction

◇	◇	◇	◇	◇
Tempo sprecato	Poco interessante	Sufficiente	Interessante	Mozzafiato
A waste of time	Uninteresting	OK	Interesting	Breathtaking

Valutazione della guida turistica
Rating the tour guide

◇	◇	◇	◇	◇
Villana	Non informata	Così così	Informata	Eccezionale
Rude	Uninformed	OK	Informative	Exceptional

∽ SIGHTSEEING AND ENTERTAINMENT ∾

music	la musica
pop music	la musica pop
art	l'arte
dance	la danza
sports	gli sport
museum	il museo
cinema	il cinema
art gallery	la galleria d'arte
concert hall	la sala concerti
theater	il teatro
nightclub	il night-club
opera	l'opera
ballet	il balletto
movie	il film
stadium	lo stadio
park	il parco
garden	il giardino
zoo	lo zoo
beach	la spiaggia
swimming pool	la piscina
boat	la barca
tennis	il tennis
golf	il golf
skiing	sciare
skating	pattinare
swimming	nuotare
circus	il circo
festival	il festival

Turismo
Sightseeing

Nome dell'attrazione
Name of attraction

Luogo
Location

Data
Date

Sito web
Website

Dépliant
Brochure

Ricordo
Souvenir

Commenti
Comments

Valutazione dell'attrazione
Rating the attraction

◇	◇	◇	◇	◇
Tempo sprecato	Poco interessante	Sufficiente	Interessante	Mozzafiato
A waste of time	Uninteresting	OK	Interesting	Breathtaking

Valutazione della guida turistica
Rating the tour guide

◇	◇	◇	◇	◇
Villana	Non informata	Così così	Informata	Eccezionale
Rude	Uninformed	OK	Informative	Exceptional

⌣ ASKING FOR SUGGESTIONS ⌣

Where can we go?	Dove possiamo andare?
What's there to do?	Cosa c'è da fare?
I want to go to _____.	Voglio andare a _____.
a ballet	un balletto
a concert	un concerto
a party	un party
the theater	teatro
What's happening _____?	Cosa danno _____?
locally	in zona
this weekend	questo fine settimana
today	oggi
tonight	stasera
Can you recommend _____?	Può consigliarmi _____?
a museum	un museo
a concert	un concerto
a play	uno spettacolo teatrale
a movie	un film
Is there a local entertainment guide?	C'è una guida degli spettacoli locali?
Where are there _____?	Dove sono _____?
places to eat	i ristoranti
bars	i bar
clubs	i club
theaters	i teatri

Turismo
Sightseeing

Nome dell'attrazione
Name of attraction

Luogo
Location

Data
Date

Sito web
Website

Dépliant
Brochure

Ricordo
Souvenir

Commenti
Comments

Valutazione dell'attrazione
Rating the attraction

◇	◇	◇	◇	◇
Tempo sprecato	Poco interessante	Sufficiente	Interessante	Mozzafiato
A waste of time	Uninteresting	OK	Interesting	Breathtaking

Valutazione della guida turistica
Rating the tour guide

◇	◇	◇	◇	◇
Villana	Non informata	Così così	Informata	Eccezionale
Rude	Uninformed	OK	Informative	Exceptional

⌁ PLANNING AN OUTING ⌁

What do you want to do?	Cosa vuole fare?
Do you have plans?	Ha dei programmi?
What are you doing _____?	Cosa pensa di fare _____?
now	adesso
today	oggi
this evening	questa sera
tomorrow	domani
next week	la prossima settimana
Would you like to _____?	Vuole _____?
go for a walk	fare una passeggiata
go to the zoo	andare allo zoo
see a movie	vedere un film
Do you want to come?	Vuole venire?
Sure.	Certo.
Yes, I would love to.	Sì, mi piacerebbe.
I can't today.	Oggi non posso.
Maybe some other time.	Magari un'altra volta.
What about tomorrow?	Cosa ne dice di domani?
What time shall we meet?	A che ora ci troviamo?
Where shall we meet?	Dove ci troviamo?
Are you ready?	Siete pronti?
What time does _____ open?	A che ora apre _____?
What time does _____ close?	A che ora chiude _____?
the art gallery	la galleria d'arte
the club	il club
the museum	il museo
What time does _____ start?	A che ora inizia _____?
the concert	il concerto
the game	la partita
the play	lo spettacolo teatrale
How much is it _____?	Quant'è _____?
for an adult	per un adulto
for a child	per un bambino

⌁ TELLING TIME ⌁

What time is it?
Che ore sono?

It's one o'clock.
È l'una.

It's half past two.
Sono le due e mezzo.

It's quarter to three.
È un quarto alle tre.

It's quarter past four.
Sono le quattro e un quarto.

Turismo
Sightseeing

Nome dell'attrazione _____
Name of attraction

Luogo _____
Location

Data _____
Date

Sito web _____
Website

Dépliant _____
Brochure

Ricordo _____
Souvenir

Commenti _____
Comments

_____

_____

Valutazione dell'attrazione
Rating the attraction

◇	◇	◇	◇	◇
Tempo sprecato	Poco interessante	Sufficiente	Interessante	Mozzafiato
A waste of time	Uninteresting	OK	Interesting	Breathtaking

Valutazione della guida turistica
Rating the tour guide

◇	◇	◇	◇	◇
Villana	Non informata	Così così	Informata	Eccezionale
Rude	Uninformed	OK	Informative	Exceptional

Excuse me.	Mi scusi.
Could you help me?	Potrebbe aiutarmi?
Where is _____?	Dov'è _____?
I'm looking for _____.	Sto cercando _____.
left	sinistra
right	destra
there	là
here	qui
straight ahead	sempre diritto
first left	la prima a sinistra
second right	la seconda a destra
at the intersection	all'incrocio
at the traffic light	al semaforo
at the traffic circle	alla rotonda
It's near.	È vicino.
It's far.	È lontano.
one kilometer	un chilometro
two kilometers	due chilometri
Take _____.	Prenda _____.
the bus	l'autobus
the train	il treno
the subway	la metropolitana
the taxi	il taxi

Turismo
Sightseeing

Nome dell'attrazione
Name of attraction

Luogo
Location

Data
Date

Sito web
Website

Dépliant
Brochure

Ricordo
Souvenir

Commenti
Comments

Valutazione dell'attrazione
Rating the attraction

◇	◇	◇	◇	◇
Tempo sprecato	Poco interessante	Sufficiente	Interessante	Mozzafiato
A waste of time	Uninteresting	OK	Interesting	Breathtaking

Valutazione della guida turistica
Rating the tour guide

◇	◇	◇	◇	◇
Villana	Non informata	Così così	Informata	Eccezionale
Rude	Uninformed	OK	Informative	Exceptional

~ MUSEUMS AND GALLERIES ~

What exhibitions _____?	Che mostre _____?
are showing	ci sono
are new	sono nuove
What's in the collection?	Cosa c'è nella collezione?
Do you have _____?	Avete _____?
a guidebook	una guida
a program	un programma
Where is/are _____?	Dov'è/Dove sono _____?
the coatroom	il guardaroba
the restroom	la toilette
the museum store	il negozio del museo
the information desk	le informazioni
How much is this?	Quant'è?
Who is _____?	Chi è _____?
the artist	l'artista
the sculptor	lo scultore
the photographer	il fotografo
I like (the works of) _____.	Mi piacciono le opere _____.
the impressionists	degli impressionisti
modern art	di arte moderna
classical art	di arte classica
Renaissance art	di arte rinascimentale
Did you like _____?	Ti è piaciuto _____?
the painting	il quadro
the photograph	la fotografia
the sculpture	la scultura

Sightseeing

Nome dell'attrazione _____
Name of attraction

Luogo _____
Location

Data _____
Date

Sito web _____
Website

Dépliant _____
Brochure

Ricordo _____
Souvenir

Commenti _____
Comments

_____

_____

Valutazione dell'attrazione
Rating the attraction

◇	◇	◇	◇	◇
Tempo sprecato	Poco interessante	Sufficiente	Interessante	Mozzafiato
A waste of time	Uninteresting	OK	Interesting	Breathtaking

Valutazione della guida turistica
Rating the tour guide

◇	◇	◇	◇	◇
Villana	Non informata	Così così	Informata	Eccezionale
Rude	Uninformed	OK	Informative	Exceptional

~ MUSIC ~

What music do you like?	Quale musica ti piace?
I like _____.	Mi piace _____.
I don't like _____.	Non mi piace _____.

classical music — la musica classica
electronic music — la musica elettronica
jazz — il jazz
rock — il rock
pop — la musica pop
ethnic music — la musica etnica
traditional music — la musica popolare
punk — la musica punk
blues — il blues
reggae — il reggae
R&B — l'R&B
country — la musica country
opera — l'opera

Where is _____? — Dov'è _____?
the concert hall — la sala concerti
the opera house — il teatro dell'opera

Where can I find a nightclub? — Dove trovo un night-club?
Where can I listen to some live music? — Dove posso ascoltare della musica live?
Which orchestra is playing? — Che orchestra sta suonando?
What band is playing? — Che gruppo sta suonando?
What are they playing? — Cosa suonano?
Who is _____? — Chi è _____?

the conductor — il direttore d'orchestra
the soloist — il solista
the lead singer — il cantante solista
the guitarist — il chitarrista
the drummer — il batterista

Are they popular? — Sono famosi?
Do you like to _____? — Le piace _____?

go to concerts — andare ai concerti
listen to music — ascoltare la musica

Divertimento
Entertainment

Nome dell'avvenimento/del posto _____
Name of event/place

_____

Luogo _____
Location

Data _____
Date

Sito web _____
Website

Dépliant _____
Brochure

Commenti _____
Comments

_____

_____

Valutazione dell'avvenimento/del posto
Rating the event/place

◇	◇	◇	◇	◇
Molto noioso	Noioso	Discreto	Divertente	Elettrizzante
Very boring	Dull	OK	Entertaining	Thrilling

~ MOVIES, THEATER, AND DANCE ~

Where is _____?	Dov'è _____?
Is there _____ near here?	C'è _____ qui vicino?
a movie theater	un cinema
a theater	un teatro
What's playing _____?	Cosa c'è _____?
at the movie theater	al cinema
at the theater	al teatro
tonight	stasera
Is the movie _____?	Il film è _____?
dubbed	doppiato
in English	in inglese
in Italian	in italiano
Does the movie have subtitles?	Il film ha i sottotitoli?
Who is _____?	Chi è _____?
the lead actor	l'attore protagonista
the lead actress	l'attrice protagonista
the director	il regista
Are those seats taken?	Sono occupati questi posti?
Did you like _____?	Le è piaciuto _____?
the movie	il film
the play	lo spettacolo teatrale
the musical	il musical
the show	lo spettacolo
I liked it.	Mi è piaciuto.
I didn't like it.	Non mi è piaciuto.
I thought it was _____.	Pensavo che fosse _____.
excellent	ottimo
OK	discreto
boring	noioso
slow	lento

Divertimento
Entertainment

Nome dell'avvenimento/del posto
Name of event/place

Luogo
Location

Data
Date

Sito web
Website

Dépliant
Brochure

Commenti
Comments

Valutazione dell'avvenimento/del posto
Rating the event/place

◇ | ◇ | ◇ | ◇ | ◇
Molto noioso | Noioso | Discreto | Divertente | Elettrizzante
Very boring | Dull | OK | Entertaining | Thrilling

⌣ SPORTS ⌣

Do you like sports?	Le piace lo sport?
What sports do you play?	Che sport pratica?
I play/do _____.	Gioco a/Faccio _____.
soccer	calcio
golf	golf
cycling	ciclismo
volleyball	pallavolo
swimming	nuoto
What sports do you follow?	Che sport segue?
I follow _____.	Seguo _____.
basketball	il basket
tennis	il tennis
horse racing	l'equitazione
Which team do you support?	Per che squadra tiene?
Would you like to _____?	Vorrebbe _____?
go hiking	fare un'escursione
go mountain biking	andare in mountain bike
go sailing	fare vela
go waterskiing	fare sci d'acqua
go fishing	andare a pesca
play soccer	giocare a calcio
play golf	giocare a golf
I would like lessons in _____.	Vorrei delle lezioni di _____.
skiing	sci
snowboarding	snowboard
surfing	surf
Can I rent _____?	Posso noleggiare _____?
some skis	degli sci
a boat	una barca
a beach umbrella	un ombrellone
Is there _____?	C'è _____?
a soccer game	una partita di calcio
a hockey game	una partita a hockey
Who's playing?	Chi gioca?
Who's winning?	Chi sta vincendo?
What's the score?	Qual è il punteggio?

Divertimento
Entertainment

Nome dell'avvenimento/del posto _____
Name of event/place

_____

Luogo _____
Location

Data _____
Date

Sito web _____
Website

Dépliant _____
Brochure

Commenti _____
Comments

_____

_____

Valutazione dell'avvenimento/del posto
Rating the event/place

◇	◇	◇	◇	◇
Molto noioso	Noioso	Discreto	Divertente	Elettrizzante
Very boring	Dull	OK	Entertaining	Thrilling

~⊰ OPINIONS ⊱~

Did you like it?	Le è piaciuto?
I like it.	Mi piace.
It's _____.	È _____.
good	buono
bad	cattivo
OK	sufficiente
better	migliore
worse	peggiore
I thought it was _____.	Pensavo che fosse _____.
entertaining	divertente
boring	noioso
beautiful	bello
ugly	brutto
modern	moderno
old-fashioned	superato
It was really _____.	È stato davvero _____.
strange	strano
exciting	eccitante
I agree.	Sono d'accordo.
I don't agree.	Non sono d'accordo.
I don't know.	Non lo so.
I don't care.	Non mi importa.

Divertimento
Entertainment

Nome dell'avvenimento/del posto _____
Name of event/place

_____

Luogo _____
Location

Data _____
Date

Sito web _____
Website

Dépliant _____
Brochure

Commenti _____
Comments

_____

_____

Valutazione dell'avvenimento/del posto
Rating the event/place

◇	◇	◇	◇	◇
Molto noioso	Noioso	Discreto	Divertente	Elettrizzante
Very boring	Dull	OK	Entertaining	Thrilling

~ SHOPPING AND SERVICES ~

shopping	la spesa
store	il negozio
shopping center	il centro commerciale
market	il mercato
supermarket	il supermercato
department store	il grande magazzino
clothing store	il negozio d'abbigliamento
bookstore	la libreria
to buy	comprare
to sell	vendere
price	il prezzo
receipt	la ricevuta
refund	il rimborso
sale	i saldi
expensive	caro
cheap	economico
checkout	la cassa
bank	la banca
Internet café	l'Internet cafè
bakery	il fornaio
butcher	il macellaio
pharmacy	la farmacia
jeweler	la gioielleria
liquor store	l'enoteca
hairdresser	la parrucchiera
barber	il barbiere

~ INQUIRIES ~

Where is the nearest _____?	Dov'è _____ più vicino/vicina?
supermarket	il supermercato
pharmacy	la farmacia
bakery	il fornaio
bank	la banca
post office	l'ufficio postale
hospital	l'ospedale
Where can I find _____?	Dove trovo _____?
a good clothing store	un buon negozio d'abbigliamento
a good butcher	un buon macellaio
a good travel agency	una buona agenzia di viaggi
Where can I buy _____?	Dove posso acquistare _____?
batteries	delle pile
souvenirs	dei souvenir
wine	del vino
What time do you _____?	A che ora _____?
open	aprite
close	chiudete

Lo shopping
Shopping

Nome del negozio _____
Name of store

Tipo di negozio _____
Type of store

Data _____
Date

Articoli e prezzi
Items and prices

Insegne ed etichette sconosciute
Unfamiliar signs and labels

75

Can I help you?	Posso aiutarla?
I'm just looking.	Stavo solo guardando.
Excuse me.	Mi scusi.
Can you help me?	Può aiutarmi?
What is _____?	Cos'è _____?
this	questo
that	quello
What are _____?	Cosa sono _____?
these	questi
those	quelli
Can I look at _____?	Posso vedere _____?
this	questo
that	quello
Not that.	Non quello.
Like that.	Come quello.
Is that all?	È tutto?
Anything else?	Niente altro?
That's enough.	Questo è sufficiente.
How much do you want?	Quanto ne vuole?
How many do you want?	Quanti ne vuole?
More, please.	Ancora, per favore.
Less, please.	Meno, per favore.
That's fine.	Così va bene.

Lo shopping
Shopping

Nome del negozio _____
Name of store

Tipo di negozio _____
Type of store

Data _____
Date

Articoli e prezzi
Items and prices

⊙ _____
       _____

⊙ _____
       _____

⊙ _____
       _____

⊙ _____
       _____

⊙ _____
       _____

⊙ _____
       _____

Insegne ed etichette sconosciute
Unfamiliar signs and labels

⌐ MAKING A PURCHASE ⌐

How much is _____?	Quanto costa _____?
this	questo
that	quello
I would like to buy _____.	Vorrei comprare _____.
a souvenir	un souvenir
some shoes	delle scarpe
a watch	un orologio da polso
a shirt	una camicia
I would like _____.	Vorrei _____.
I would like one like that.	Ne vorrei uno come quello.
I would like two of these.	Vorrei due di questi.
Do you have something _____?	Avete qualcosa di _____?
better	migliore
cheaper	più economico
different	diverso
smaller	più piccolo
larger	più grande
Do you have it in _____?	Lo avete in _____?
black	nero
white	bianco
blue	blu
yellow	giallo
red	rosso
pink	rosa
green	verde
gray	grigio
brown	marrone
How much is it?	Quant'è?
Could you write it down?	Può scriverlo?
That's too expensive.	Quello è troppo caro.
Where do I pay?	Dove si paga?
Do you take _____?	Accettate _____?
credit cards	le carte di credito
traveler's checks	i traveler check
American money	i dollari
Is there a guarantee?	C'è la garanzia?
Can I have _____?	Posso avere _____?
a receipt	la ricevuta
a bag	una borsa

STATING PRICES

Italian prices are usually written as [euros],[cents] €.
But 10,50€, *for example, is ordinarily spoken as* dieci euro cinquanta.

For a list of numbers, see page 10.

Lo shopping
Shopping

Nome del negozio _____
Name of store

Tipo di negozio _____
Type of store

Data _____
Date

Articoli e prezzi
Items and prices

◎ ——————— ————	◎ ——————— ————
◎ ——————— ————	◎ ——————— ————
◎ ——————— ————	◎ ——————— ————

Insegne ed etichette sconosciute
Unfamiliar signs and labels

~(AT THE BANK)~

Where is the nearest _____?	Dov'è _____ più vicino/vicina?
bank	la banca
ATM	il bancomat
currency exchange	il cambio valute
Where can I _____?	Dove posso _____?
cash a check	incassare un assegno
change money	cambiare la valuta
withdraw money	fare un prelievo
I would like to cash _____.	Vorrei incassare _____.
this check	questo assegno
these traveler's checks	questi traveler check
What's the exchange rate?	Qual è il tasso di cambio?
I would like to change _____.	Vorrei cambiare _____.
dollars into euros	dei dollari in euro
pounds into euros	delle sterline in euro
Passport, please.	Favorisca il passaporto.
Sign here.	Firmi qui.
Here's my _____.	Ecco il mio _____.
ATM card	bancomat
passport	passaporto
I've lost my _____.	Ho perso _____.
ATM card	il bancomat
traveler's checks	i traveler check
wallet	il portafoglio
passport	il passaporto

~(AT THE POST OFFICE)~

Where is the nearest _____?	Dov'è _____ più vicino/vicina?
post office	l'ufficio postale
mailbox	la cassetta della posta
I would like to send this _____.	Vorrei spedire questo _____.
to the United States	negli Stati Uniti
to Canada	in Canada
to England	in Inghilterra
to Australia	in Australia
by airmail	per posta aerea
by priority mail	con posta prioritaria
by registered mail	per raccomandata
I would like to buy _____.	Vorrei comprare _____.
an aerogram	un aerogramma
an envelope	una busta
some stamps	dei francobolli

Lo shopping
Shopping

Nome del negozio ——————————————
Name of store

Tipo di negozio ——————————————
Type of store

Data ——————————————
Date

Articoli e prezzi
Items and prices

Insegne ed etichette sconosciute
Unfamiliar signs and labels

⤞ USING THE TELEPHONE ⤝

Where is the nearest public phone?
Dov'è il telefono pubblico più vicino?

I would like to buy a phone card.
Vorrei comprare una carta telefonica.

I would like to call _____.
Vorrei fare una chiamata _____.
  long distance
  interurbana
  the United States
  negli Stati Uniti
  Canada
  in Canada

I would like to call collect.
Vorrei fare una telefonata a carico del destinatario.

I would like to call this number.
Vorrei chiamare questo numero.

The number is _____.
Il numero è _____.

What's the _____?
Qual è _____?
  area code for _____
  il prefisso per _____
  country code for _____
  il prefisso internazionale per _____

How much is a five-minute call?
Quanto costa una chiamata di cinque minuti?

May I speak to _____?
Potrei parlare con _____?

I don't speak Italian.
Non parlo italiano.

Do you speak English?
Lei parla l'inglese?

Who's calling?
Chi parla?

It's _____ speaking.
Parla _____.

Sorry, wrong number.
Scusi, ho sbagliato numero.

I've been cut off.
È caduta la linea.

The connection is bad.
La linea è disturbata.

Thank you, I'll call back.
Grazie, richiamerò.

Don't hang up.
Non riattacchi.

⤞ USING THE INTERNET ⤝

Where is the nearest Internet café?
Dov'è l'Internet cafè più vicino?

I would like _____.
Vorrei _____.
  to check my e-mail
  controllare la mia e-mail
  to get Internet access
  accedere a Internet
  to use a printer
  usare una stampante

How much is it?
Quanto costa?

How much per hour?
Quanto costa all'ora?

When do I pay?
Quando debbo pagare?

How do I _____?
Come _____?
  log on
  si fa il log on
  get online
  ci si connette a Internet

It's not working.
Non funziona.

I'm finished.
Ho finito.

What's _____?
Qual è _____?
  your e-mail address
  il suo indirizzo e-mail
  your blog address
  l'indirizzo del suo blog

What IM do you use?
Quale messenger usa?

Lo shopping
Shopping

Nome del negozio ⎯⎯⎯⎯⎯⎯⎯⎯⎯⎯⎯⎯⎯⎯
Name of store

Tipo di negozio ⎯⎯⎯⎯⎯⎯⎯⎯⎯⎯⎯⎯⎯⎯
Type of store

Data ⎯⎯⎯⎯⎯⎯⎯⎯⎯⎯⎯⎯
Date

Articoli e prezzi
Items and prices

Insegne ed etichette sconosciute
Unfamiliar signs and labels

Hello.	Salve.
My name is _____.	Mi chiamo _____.
What is your name?	Lei come si chiama?
Pleased to meet you.	Lieto di conoscerla.
How are you?	Come sta?
Fine, thanks.	Bene, grazie.
And you?	E lei?
This is _____.	Questo è _____.
This is my _____.	Questo è il mio _____.
husband	marito
partner	partner
child	bambino
friend	amico
colleague	collega
This is my wife.	Questa è la mia moglie.
I'm here _____.	Sono qui _____.
on vacation	in vacanza
on business	per affari
for a conference	per una conferenza
to study	per motivi di studio
with my family	con la mia famiglia
with my partner	con il mio partner
with my (girl)friend	con la mia ragazza
with my (boy)friend	con il mio ragazzo
with my friends	con i miei amici
on my own	da solo
Do you live here?	Vive qui?
Where are you from?	Di dov'è?
I come _____.	Vengo _____.
from the United States	dagli Stati Uniti
from Canada	dal Canada
from England	dall'Inghilterra
from Australia	dall'Australia
I live _____.	Vivo _____.
in New York	a New York
in Toronto	a Toronto
near London	vicino a Londra
Are you from _____?	È di _____?
Rome	Roma
Florence	Firenze
Venice	Venezia
Milan	Milano
How long are you staying here?	Per quanto tempo si ferma?
I'm staying _____.	Rimango _____.
three days	tre giorni
a week	una settimana
one month	un mese

Nuovi amici

New friends

Si chiama _____.
His/Her name is

Vive a _____.
He/She lives in (city)

È _____.
He/She is (profession)

Gli/Le interessa _____.
He/She is interested in

Abbiamo parlato di _____.
We talked about (topics)

Dati personali _____
Contact information

_____

Si chiama _____.
His/Her name is

Vive a _____.
He/She lives in (city)

È _____.
He/She is (profession)

Gli/Le interessa _____.
He/She is interested in

Abbiamo parlato di _____.
We talked about (topics)

Dati personali _____
Contact information

_____

⤙ OCCUPATIONS ⤚

What do you do?	Che cosa fa?
What are you studying?	Che cosa studia?
I am _____.	Sono _____.
a student	uno studente
a writer	uno scrittore
a scientist	uno scienziato
a consultant	uno specialista
an architect	un architetto
a designer	un progettista
I work in education.	Lavoro nel campo educativo.
I'm in business.	Mi occupo di affari.
I'm _____.	Sono _____.
self-employed	un lavoratore autonomo
unemployed	disoccupato
I'm taking time off.	Mi sto prendendo una pausa dal lavoro.
I'm studying _____.	Studio _____.
literature	letteratura
mathematics	matematica
sciences	scienze
art	arte
humanities	materie umanistiche
psychology	psicologia
engineering	ingegneria

⤙ INTERESTS ⤚

What are you interested in?	Di cosa si interessa?
I'm interested in _____.	Mi interessa _____.
politics	la politica
technology	la tecnologia
art	l'arte
music	la musica
photography	la fotografia
reading	la lettura
cooking	la cucina
shopping	fare acquisti
sports	lo sport
I'm interested in hiking.	Mi interessano le escursioni.
What _____ do you like?	Che _____ Le piace?
music	musica
type of movies	genere di film
What cities do you like?	Che città Le piacciono?
Which _____ do you like?	Quali _____ Le piacciono?
restaurants	ristoranti
clubs	club
artists	artisti

Nuovi amici
New friends

Si chiama _____.
His/Her name is

Vive a _____.
He/She lives in (city)

È _____.
He/She is (profession)

Gli/Le interessa _____.
He/She is interested in

Abbiamo parlato di _____.
We talked about (topics)

Dati personali _____
Contact information

_____

Si chiama _____.
His/Her name is

Vive a _____.
He/She lives in (city)

È _____.
He/She is (profession)

Gli/Le interessa _____.
He/She is interested in

Abbiamo parlato di _____.
We talked about (topics)

Dati personali _____
Contact information

_____

Nuovi amici
New friends

Si chiama —————————————————————.
His/Her name is

Vive a ———————————————————————.
He/She lives in (city)

È ——————————————————————————.
He/She is (profession)

Gli/Le interessa ——————————————————.
He/She is interested in

Abbiamo parlato di ———————————————.
We talked about (topics)

Dati personali ———————————————————
Contact information

———————————————————————————————

Si chiama —————————————————————.
His/Her name is

Vive a ———————————————————————.
He/She lives in (city)

È ——————————————————————————.
He/She is (profession)

Gli/Le interessa ——————————————————.
He/She is interested in

Abbiamo parlato di ———————————————.
We talked about (topics)

Dati personali ———————————————————
Contact information

———————————————————————————————

Si chiama _____.
His/Her name is

Vive a _____.
He/She lives in (city)

È _____.
He/She is (profession)

Gli/Le interessa _____.
He/She is interested in

Abbiamo parlato di _____.
We talked about (topics)

Dati personali _____
Contact information

_____

Si chiama _____.
His/Her name is

Vive a _____.
He/She lives in (city)

È _____.
He/She is (profession)

Gli/Le interessa _____.
He/She is interested in

Abbiamo parlato di _____.
We talked about (topics)

Dati personali _____
Contact information

_____

Nuovi amici
New friends

Si chiama _____.
His/Her name is

Vive a _____.
He/She lives in (city)

È _____.
He/She is (profession)

Gli/Le interessa _____.
He/She is interested in

Abbiamo parlato di _____.
We talked about (topics)

Dati personali _____
Contact information

_____

Si chiama _____.
His/Her name is

Vive a _____.
He/She lives in (city)

È _____.
He/She is (profession)

Gli/Le interessa _____.
He/She is interested in

Abbiamo parlato di _____.
We talked about (topics)

Dati personali _____
Contact information

_____

Si chiama _____.
His/Her name is

Vive a _____.
He/She lives in (city)

È _____.
He/She is (profession)

Gli/Le interessa _____.
He/She is interested in

Abbiamo parlato di _____.
We talked about (topics)

Dati personali _____
Contact information

_____

Si chiama _____.
His/Her name is

Vive a _____.
He/She lives in (city)

È _____.
He/She is (profession)

Gli/Le interessa _____.
He/She is interested in

Abbiamo parlato di _____.
We talked about (topics)

Dati personali _____
Contact information

_____

Incontri linguistici

Language encounters

Parola sconosciuta _____
Unfamiliar word

Vuol dire _____ in inglese.
In English, this means

Luogo dove l'ho vista/udita _____
Location where seen/heard

_____

Parola sconosciuta _____
Unfamiliar word

Vuol dire _____ in inglese.
In English, this means

Luogo dove l'ho vista/udita _____
Location where seen/heard

_____

Parola sconosciuta _____
Unfamiliar word

Vuol dire _____ in inglese.
In English, this means

Luogo dove l'ho vista/udita _____
Location where seen/heard

_____

Parola sconosciuta _____
Unfamiliar word

Vuol dire _____ in inglese.
In English, this means

Luogo dove l'ho vista/udita _____
Location where seen/heard

_____

Parola sconosciuta _____
Unfamiliar word

Vuol dire _____ in inglese.
In English, this means

Luogo dove l'ho vista/udita _____
Location where seen/heard

_____

Parola sconosciuta _____
Unfamiliar word

Vuol dire _____ in inglese.
In English, this means

Luogo dove l'ho vista/udita _____
Location where seen/heard

_____

Incontri linguistici

Language encounters

Parola sconosciuta _____
Unfamiliar word

Vuol dire _____ in inglese.
In English, this means

Luogo dove l'ho vista/udita _____
Location where seen/heard

_____

Parola sconosciuta _____
Unfamiliar word

Vuol dire _____ in inglese.
In English, this means

Luogo dove l'ho vista/udita _____
Location where seen/heard

_____

Parola sconosciuta _____
Unfamiliar word

Vuol dire _____ in inglese.
In English, this means

Luogo dove l'ho vista/udita _____
Location where seen/heard

_____

Parola sconosciuta _____
Unfamiliar word

Vuol dire _____ in inglese.
In English, this means

Luogo dove l'ho vista/udita _____
Location where seen/heard

_____

Parola sconosciuta _____
Unfamiliar word

Vuol dire _____ in inglese.
In English, this means

Luogo dove l'ho vista/udita _____
Location where seen/heard

_____

Parola sconosciuta _____
Unfamiliar word

Vuol dire _____ in inglese.
In English, this means

Luogo dove l'ho vista/udita _____
Location where seen/heard

_____

~ TIME AND DATE ~

day	il giorno	Monday	lunedì
date	la data	Tuesday	martedì
yesterday	ieri	Wednesday	mercoledì
today	oggi	Thursday	giovedì
tonight	stasera	Friday	venerdì
tomorrow	domani	Saturday	sabato
morning	la mattina	Sunday	domenica
midday	il mezzogiorno		
afternoon	il pomeriggio	January	gennaio
evening	la sera	February	febbraio
night	la notte	March	marzo
A.M.	di mattina	April	aprile
P.M.	di pomeriggio	May	maggio
week	la settimana	June	giugno
weekend	il weekend	July	luglio
month	il mese	August	agosto
year	l'anno	September	settembre
		October	ottobre
		November	novembre
		December	dicembre

WRITING THE DATE

Today is [month] [number], [year].	Oggi è [numero] [mese] [anno].
Today is January 1, 2012.	Oggi è il primo gennaio 2012.
Today is February 14, 2013.	Oggi è il quattordici febbraio 2013.

Use the ordinal number for 1 and the cardinal number for 2 to 31.

See page 10 for a list of cardinal numbers.

~ WEATHER ~

What's the weather today?	Com'è il tempo oggi?
It's _____.	È _____.
cloudy	nuvoloso
hot	caldo
cold	freddo
It's _____.	C'è _____.
sunny	il sole
stormy	un temporale
windy	vento
It's snowing.	Nevica.

Diario
Journal

Giorno e data
Day of the week and date

Tempo
Weather

Titolo del quotidiano
Newspaper headline

Viaggi
Travel

Pasti
Meals

Turismo
Sightseeing

Divertimento
Entertainment

Nuovi amici
New friends

Nuove parole
New words

Alloggio
Accommodations

Diario
Journal

Giorno e data _____
Day of the week and date

Tempo _____
Weather

Titolo del quotidiano _____
Newspaper headline

Viaggi _____
Travel

Pasti _____
Meals

Turismo _____
Sightseeing

_____

Divertimento _____
Entertainment

_____

Nuovi amici _____
New friends

Nuove parole _____
New words

_____

Alloggio _____
Accommodations

Diario
Journal

Giorno e data
Day of the week and date

Tempo
Weather

Titolo del quotidiano
Newspaper headline

Viaggi
Travel

Pasti
Meals

Turismo
Sightseeing

Divertimento
Entertainment

Nuovi amici
New friends

Nuove parole
New words

Alloggio
Accommodations

Diario
Journal

Giorno e data
Day of the week and date

Tempo
Weather

Titolo del quotidiano
Newspaper headline

Viaggi
Travel

Pasti
Meals

Turismo
Sightseeing

Divertimento
Entertainment

Nuovi amici
New friends

Nuove parole
New words

Alloggio
Accommodations

Diario
Journal

Giorno e data
Day of the week and date

Tempo
Weather

Titolo del quotidiano
Newspaper headline

Viaggi
Travel

Pasti
Meals

Turismo
Sightseeing

Divertimento
Entertainment

Nuovi amici
New friends

Nuove parole
New words

Alloggio
Accommodations

Diario
Journal

Giorno e data
Day of the week and date

Tempo
Weather

Titolo del quotidiano
Newspaper headline

Viaggi
Travel

Pasti
Meals

Turismo
Sightseeing

Divertimento
Entertainment

Nuovi amici
New friends

Nuove parole
New words

Alloggio
Accommodations

Diario
Journal

Giorno e data
Day of the week and date

Tempo
Weather

Titolo del quotidiano
Newspaper headline

Viaggi
Travel

Pasti
Meals

Turismo
Sightseeing

Divertimento
Entertainment

Nuovi amici
New friends

Nuove parole
New words

Alloggio
Accommodations

Diario
Journal

Giorno e data
Day of the week and date

Tempo
Weather

Titolo del quotidiano
Newspaper headline

Viaggi
Travel

Pasti
Meals

Turismo
Sightseeing

Divertimento
Entertainment

Nuovi amici
New friends

Nuove parole
New words

Alloggio
Accommodations

Diario
Journal

Giorno e data
Day of the week and date

Tempo
Weather

Titolo del quotidiano
Newspaper headline

Viaggi
Travel

Pasti
Meals

Turismo
Sightseeing

Divertimento
Entertainment

Nuovi amici
New friends

Nuove parole
New words

Alloggio
Accommodations

Diario
Journal

Giorno e data ———————————————
Day of the week and date

Tempo ———————————————————
Weather

Titolo del quotidiano ———————————
Newspaper headline

Viaggi ———————————————————
Travel

Pasti ————————————————————
Meals

Turismo ————————————————————
Sightseeing

———————————————————————————

Divertimento ————————————————
Entertainment

———————————————————————————

Nuovi amici ————————————————
New friends

Nuove parole ————————————————
New words

———————————————————————————

Alloggio ———————————————————
Accommodations

Diario
Journal

Giorno e data _____
Day of the week and date

Tempo _____
Weather

Titolo del quotidiano _____
Newspaper headline

Viaggi _____
Travel

Pasti _____
Meals

Turismo _____
Sightseeing

_____

Divertimento _____
Entertainment

_____

Nuovi amici _____
New friends

Nuove parole _____
New words

_____

Alloggio _____
Accommodations

Diario
Journal

Giorno e data
Day of the week and date

Tempo
Weather

Titolo del quotidiano
Newspaper headline

Viaggi
Travel

Pasti
Meals

Turismo
Sightseeing

Divertimento
Entertainment

Nuovi amici
New friends

Nuove parole
New words

Alloggio
Accommodations

Diario
Journal

Giorno e data
Day of the week and date

Tempo
Weather

Titolo del quotidiano
Newspaper headline

Viaggi
Travel

Pasti
Meals

Turismo
Sightseeing

Divertimento
Entertainment

Nuovi amici
New friends

Nuove parole
New words

Alloggio
Accommodations

Diario
Journal

Giorno e data _____
Day of the week and date

Tempo _____
Weather

Titolo del quotidiano _____
Newspaper headline

Viaggi _____
Travel

Pasti _____
Meals

Turismo _____
Sightseeing

_____

Divertimento _____
Entertainment

_____

Nuovi amici _____
New friends

Nuove parole _____
New words

_____

Alloggio _____
Accommodations

Diario
Journal

Giorno e data
Day of the week and date

Tempo
Weather

Titolo del quotidiano
Newspaper headline

Viaggi
Travel

Pasti
Meals

Turismo
Sightseeing

Divertimento
Entertainment

Nuovi amici
New friends

Nuove parole
New words

Alloggio
Accommodations

MERANO   BRUNICO
BORMIO   BOLZANO   CORTINA
                                    TARVISIO
        SONDRIO
                           BELLUNO
VERBANIA   TRENTO
        VARESE   LECCO   PORDENONE UDINE
AOSTA   BERGAMO   GORIZIA
    NOVARA MONZA BRESCIA   TREVISO   TRIESTE
    VERCELLI   VICENZA PADOVA
        MILANO VERONA   VENEZIA
TORINO   PAVIA LODI
    ASTI   CREMONA MANTOVA
        ALESSANDRIA   PIACENZA   ROVIGO

                PARMA   FERRARA
CUNEO   REGGIO MODENA
        GENOVA   BOLOGNA
    SAVONA   RAVENNA
            LA SPEZIA   FORLI
IMPERIA   CARRARA   RIMINI
SAN REMO   LUCCA   PRATO
                PISA   FIRENZE   PESARO
                    LIVORNO AREZZO   URBINO
                                    ANCONA
                        SIENA
                            MACERATA
                    PERUGIA   FERMO
            PIOMBINO   ASCOLI
                GROSSETO   TERAMO
                        TERNI
                OMBITELLO VITERBO RIETI PESCARA
                                L'AQUILA CHIETI
                    CIVITAVECCHIA   VASTO
                                ROMA   TERMOLI
                        FROSINONE ISERNIA CAMP
                    LATINA
                                GAETA
    OLBIA   CASERTA BENEV
    TEMPIO PAUSANIA   NAPO
SASSARI   GIUGLI
                                    SALE

        NUORO

    ORISTANO
            LANUSEI
        SANLURI
IGLESIAS
    CAGLIARI

                            ME
                        PALERMO
                        CATAN
                    AGRIGENTO
                            SIRAC
                        RAGUSA

Al ritorno

Souvenir

Oggetti-ricordo
Souvenirs

Dépliant
Brochures

Biglietti
Tickets

Fotographie
Photographs

Esperienze memorabili
Memorable experiences

1. _____

2. _____

3. _____

4. _____

5. _____

6. _____

7. _____

8. _____

9. _____

10. _____

Se ritorno, vorrei _____
If I return, I would like to

_____

_____.

Spese
Expenses

Data Date	Trasporto Transportation	Alloggio Accommodations	Pasti Meals	Spuntini Snacks
Totale Total				

Turismo Sightseeing	Divertimento Entertainment	Oggetti- ricordo Souvenirs	Mance Tips	Totale Total

Calendario del viaggio

Trip calendar

lunedì (lu) Monday	martedì (ma) Tuesday	mercoledì (me) Wednesday	giovedì (gi) Thursday

venerdì (ve) Friday	sabato (sa) Saturday	domenica (do) Sunday

Indice analitico

Index